BEI GRIN MACHT SICH IHR WISSEN BEZAHLT

AF140753

- Wir veröffentlichen Ihre Hausarbeit,
  Bachelor- und Masterarbeit

- Ihr eigenes eBook und Buch -
  weltweit in allen wichtigen Shops

- Verdienen Sie an jedem Verkauf

Jetzt bei www.GRIN.com hochladen
und kostenlos publizieren

Bibliografische Information der Deutschen Nationalbibliothek:

Die Deutsche Bibliothek verzeichnet diese Publikation in der Deutschen National-
bibliografie; detaillierte bibliografische Daten sind im Internet über http://dnb.d-
nb.de/ abrufbar.

Impressum:

Copyright © 2014 GRIN Verlag, Open Publishing GmbH
Druck und Bindung: Books on Demand GmbH, Norderstedt Germany
ISBN: 9783668303386

Dieses Buch bei GRIN:

http://www.grin.com/de/e-book/340926/die-intertextuellen-dimensionen-der-figur-
alonso-gieshueblers-in-theodor

Anna Schenck

Die intertextuellen Dimensionen der Figur Alonso Gieshüblers in Theodor Fontanes "Effi Briest"

GRIN Verlag

GRIN - Your knowledge has value

Der GRIN Verlag publiziert seit 1998 wissenschaftliche Arbeiten von Studenten, Hochschullehrern und anderen Akademikern als eBook und gedrucktes Buch. Die Verlagswebsite www.grin.com ist die ideale Plattform zur Veröffentlichung von Hausarbeiten, Abschlussarbeiten, wissenschaftlichen Aufsätzen, Dissertationen und Fachbüchern.

Besuchen Sie uns im Internet:

http://www.grin.com/

http://www.facebook.com/grincom

http://www.twitter.com/grin_com

Universität Leipzig

Philologische Fakultät

Institut für Germanistik

Modul: Aspekte literaturwissenschaftlicher Forschung 04-040-2013

Seminar: Intertextualität

Prüfungsleistung: Projektarbeit im Seminar

Studentin: Anna Elise Schenck

2. FS Master of Arts

SS 2014

Die intertextuellen Dimensionen der Figur Alonso Gieshüblers in Theodor Fontanes *Effi Briest*

Verschriftlichung des Referats vom 23.06.2014

Abgabe am 15.08.2014

Inhalt

Präambel zur Intertextualität

Intertextualität bezeichnet die Beziehung, die Texte untereinander haben. Traditionell werden darunter erkennbare Verweise auf ältere, ebenfalls literarische Texte gefasst.

Mit dem Poststrukturalismus wurde der Begriff definitorisch, bzw. literaturtheoretisch zu einer globalen Intertextualität erweitert und damit zur Bezeichnung sämtlicher Relationen zwischen Texten. Julia Kristeva beschreibt Intertextualität als das „textuelle Zusammenspiel, das im Inneren eines einzigen Textes abläuft"[1]. Dabei überlagern sich die Textebenen des Schriftstellers, des Adressaten und des gegenwärtigen und vorangehenden Kontextes[2] und der Autor wird zur bloßen Vermittlungsinstanz zwischen den vorherigen und eigenen Werken. Somit stellt der poststrukturalistische Ansatz innerhalb der Intertextualitätsforschung die Autonomie des Künstlers in Frage. Hiernach baut sich jeder Text als ein Mosaik aus Zitaten auf, ist Absorption und Transformation[3]. Nimmt man diesen Anspruch vom Schreibens als reproduktives Lesen ernst, Intertextualität als Dialog zwischen Texten, so wird jegliche Interpretation zum bloßen Zeilenkommentar.

Gérard Genette hat in „Palimpseste. Die Literatur auf zweiter Stufe" eine Neudefinition vorgenommen und des weiteren eine Klassifikation intertextueller Bezüge aufgestellt. Die generelle Relation zwischen Texten benennt er als Transtextualität, womit er für den Oberbegriff die vielfältigen Bedeutungsebenen – unter die auch die Paratextualität, Metatextualität, Architextualität und die Hypertextualität fallen – auszuschließen versucht, die dem Begriff Intertextualität anhaften. Intertextualität beschränkt er auf die Verweisformen Zitat, Plagiat und Anspielung. Zitat und Plagiat sind wort-wörtliche Übernahmen aus anderen Texten – das eine als Fremdtext gekennzeichnet, das andere nicht. Die Anspielung – weniger scharf definierbar – wird von Genette beschrieben als eine Wendung des Textes, die nur dann voll verständlich ist, wenn die Beziehung zum Prätext erkannt und in die Interpretation einbezogen wird.[4]

Wenn nun Theodor Fontane seiner Titelheldin Effi Briest die Worte „Alonzo ist ein romantischer Name, ein Preziosa-Name"[5] in den Mund legt, um den Apotheker Alonzo Gieshübler zu charakterisieren, so ist dies ob des konkreten Bezugs mit dunkler Quellenangabe unschwer als intertextuelle Referenz zu erkennen. An der Nebenfigur des

---

[1] FU Berlin: Literaturtheorien im Netz, Zugriff 05.07.2014 http://www.geisteswissenschaften.fu-berlin.de/v/littheo/glossar/intertextualitaet.html
[2] vgl. Berndt, Frauke: Intertextualität. Eine Einführung, Berlin 2013, S. 36. (= Grundlagen der Germanistik; 53)
[3] vgl. Berndt, Frauke: Intertextualität. Eine Einführung, Berlin 2013, S. 38. (= Grundlagen der Germanistik; 53)
[4] vgl. FU Berlin: Literaturtheorien im Netz, Zugriff 05.07.2014 http://www.geisteswissenschaften.fu-berlin.de/v/littheo/glossar/intertextualitaet.html
[5] Fontane, Theodor: Effi Briest, Stuttgart 1994, S.68. Im Folgenden werden Belege aus dem Roman in Klammern direkt im Text angegeben.

Alonzo Gieshübler lässt sich feststellen, wie stark Fontane seine Figuren durch solche Bezüge charakterisiert und wie viel er uns darüber hinaus damit mitteilt. Fontane verwebt seine Figuren miteinander.

Dieser Vortrag beschäftigt sich im Folgenden nicht allein mit dem Bezug zu Wolf Alexander Pius Schauspiel *Preciosa*, sondern versucht darüber hinaus ein vollständiges Bild der oft als guter Geist und Helfer abgetanen, eigentlich jedoch entscheidenden Schicksalsfigur und ihrer Wirkungsweise anhand chronologischer Stellenarbeit zu erstellen. Hierbei finden sich immer wieder intertextuelle Spielweisen, auf die besonders hingewiesen wird. Mit dieser Vorgehensweise soll der Leseeindruck nachempfunden werden. Dies erlaubt, alle Indizien Stück für Stück zu sammeln und die Entwicklung der Figur festzuhalten.

Zur Figur

Die erste Erwähnung Gieshüblers befindet sich im sechsten Kapitel. Er hat der frisch verheirateten, aus den Flitterwochen nun in die neue Heimat kommende Ehefrau seines Freundes, dem Landrat Geert von Instetten, zur Begrüßung einen Strauß Blumen mit Karte geschickt. Hierauf reagiert Instetten mit:

> 'Ah, Gieshübler, Alonzo Gieshübler', sagte Instetten und reichte lachend und in beinahe ausgelassener Laune die Karte mit dem etwas fremdartig klingenden Vornamen zu Effi hinüber. 'Gieshübler, von dem hab ich dir zu erzählen vergessen – beiläufig, er führt auch den Doktortitel, hat's aber nicht gern, wenn man ihn dabei nennt, das ärgere, so meint er, die richtigen Doktors bloß, und darin wird er wohl recht haben. Nun, ich denke, du wirst ihn kennen lernen und zwar bald; er ist unsere beste Nummer hier, Schöngeist und Original und vor allem Seele von Mensch, was doch immer die Hauptsache bleibt [...]'. (55)

Dieser Abschnitt ist bereits eine umfassende Einführung, in das Konzept 'Gieshübler'. Instetten fühlt sich wie alle anderen wohl in Gieshüblers Gegenwart, reflektiert „lachend" und „ausgelassen" über ihn. Zudem wird bereits hier auf die Relevanz des Vornamens angespielt. Der Blumenstrauß wird sich als erste Zuneigungsgeste Gieshüblers entpuppen, welcher viele folgen werden. Die Charakterisierung, die Instetten hier liefert: „Schöngeist und Original und vor allem Seele von Mensch", mag verschulden, dass viele Interpreten Gieshübler in eben dieser Lesart analysieren und nicht weiter nachfragen, da diese Beschreibung durchaus seinem Auftreten entsprechend ist. Darüber hinaus handelt es sich bei dem Doktortitel, der die richtigen Doktors bloß ärgert, um einen kryptischen Selbstverweis Fontanes. Fontane selbst war Apotheker und trug einen Ehrendoktortitel, der wohl die richtigen Ärzte stören musste. So schreibt sich Fontane, in dieser Figur nicht zum letzten mal, selbst in seine Geschichte hinein, was man nach Kristeva durchaus als Intertextualität verstehen kann.

Die zweite Bemerkung über Gieshübler kommt von der Bediensteten Johanna als Anmerkung zum Spuk im Saal des Obergeschosses: „'[...] und der Herr Prediger machte ein verlegenes Gesicht, trotzdem Doktor Gieshübler immer nur darüber lachte.'" (58) Hier weißt der Erzähler auf die beruhigende Wirkung Gieshüblers, der den Spuk nicht ernst nimmt, für Effi hin, deren Nervenleiden mitunter vom Spuk verursacht wird. Gieshüblers Verbindung zu den Spukgeschichten wird an anderer Stelle deutlicher.

Wie andere signifikante Charaktere, z. B. Instetten und Roswitha, wird auch Gieshübler zur mittäglichen Geisterstunde[6] erscheinen, was eine Anspielung auf den Aberglauben darstellt – eine von Fontanes realistischen Darstellungen romantischer Stoffe:

> [...] ich müsste mich sehr in ihm irren, wenn er nicht um elf oder doch spätestens um die Mittagsstunde hier antreten und seinen Respekt devotest zu Füßen legen sollte. Das ist nämlich die Sprache, drin er sich ergeht. Übrigens, wie ich dir schon sagte, ein kapitaler Mann, der dein Freund werden wird, wenn ich ihn und dich recht kenne.' (64)

Im Anschluss findet sich eine Charakterisierung, die merkwürdig anmutet und wieder auf Fontane verweist, der sich selbst des Öfteren so erklärt hat: „'[...]sei möglichst entgegenkommend, dann wird es vorzüglich gehen; er darf nicht verlegen werden; ist er befangen, so kann er kein Wort finden oder sagt die sonderbarsten Dinge; weißt du ihn aber in Zutrauen und gute Laune zu bringen, dann redet er wie ein Buch.'" (64)

Nun „beschäftigte sich [Effi] in ihren Gedanken abwechselnd mit dem kleinen Chinesen oben und mit Gieshübler, der noch immer nicht kam." (67) Diese, die Titelheldin beschäftigenden, sich gegenseitig ablösenden und somit verbundenen Gedanken spielen mit der später festzustellenden Paradoxie der Gieshübler'schen Figur. Er ist sowohl in der Lage Effi abzulenken, als auch ein direktes Bindeglied zu den Geschehnissen, aus denen der Spuk entstand, da er seinerzeit bei der betreffenden Hochzeit zu den geladenen Gästen gehörte (94).

Bevor Gieshübler nun mit einiger Verspätung und demnach wahrscheinlich mittags erscheint, erfährt der Leser / die Leserin etwas über dessen Aussehen:

> Vor einer viertel Stunde war freilich ein kleiner, schiefschultriger und fast schon so gut wie verwachsener Herr in einem kurzen eleganten Pelzrock und einem hohen glattgebürsteten Zylinder an der anderen Seite der Straße vorbeigegangen und hatte nach ihrem Fenster hinübergesehen. (67)

Dieser entpuppt sich als Gieshübler, der „[...] augenscheinlich erst eine Morgen- oder vielleicht auch eine Ermutigungspromenade um die Plantage gemacht hatte [...]" (67 f.)

---

[6] Bächtold-Stäubli, Hanns (Hg.): Handwörterbuch des deutschen Aberglaubens: *Mittag*, Band 6. Berlin 1987, S. 398-411.

Zu Beginn ihrer ersten Begegnung ist Effi sichtlich aufgeregt, da sie sich das erste mal als Hausfrau inszenieren muss. Die ungestüme Begrüßung mit Handkuss jedoch lässt die Aufregung von ihr abfallen: „Effi reichte dem verlegen eintretenden die Hand, die dieser mit einem gewissen Ungestüm küsste. Die junge Frau schien sofort einen großen Eindruck auf ihn gemacht zu haben." (68)

Zu den Blumen berichtet sie ihm: „Ich hörte sofort auf, mich hier als eine Fremde zu fühlen und als ich dies Instetten aussprach, sagte er mir, wir würden überhaupt gute Freunde sein." (68) Effi fühlt sich also gleich wohl und Gieshübler nimmt Effi auch ihre Selbstzweifel:

[…] sagen Sie nichts gegen die Jugend. Die Jugend, auch in ihren Fehlern ist sie noch schön und liebenswürdig, und das Alter, auch in seinen Tugenden taugt es nicht viel. Persönlich kann ich in dieser Frage freilich nicht mitsprechen, vom Alter wohl, aber von der Jugend nicht, denn ich bin eigentlich nie jung gewesen. Personen meines Schlages sind nie jung[7]. Ich darf wohl sagen, das ist das traurigste von der Sache. Man hat keinen rechten Mut, man hat kein Vertrauen zu sich selbst, man wagt kaum, eine Dame zum Tanz aufzufordern, weil man ihr eine Verlegenheit ersparen will, und so gehen die Jahre hin, und man wird alt, und das Leben war arm und leer. (68 f.)

Diese Selbstaussage ist äußerst signifikant im Bezug auf die folgende Referenz.

Effi erwidert:

dass wir immer das lieben, was liebenswert ist. Und dann sehe ich doch auch gleich, dass Sie anders sind als andere, dafür haben wir Frauen ein scharfes Auge. Vielleicht ist es auch der Name, der in Ihrem Falle mitwirkt. […] der Taufnahme, habe was geheimnisvoll Bestimmendes, und Alonzo Gieshübler, so mein ich, schließt eine ganz neue Welt vor einem auf, ja, fast möcht ich sagen dürfen, Alonzo ist ein romantischer Name, ein Preziosa-Name.' (68)

Bei Preziosa handelt es sich um ein Schauspiel in vier Aufzügen von Pius Alexander Wolff, 1811 in Weimar uraufgeführt. Der junge Ritter Alonzo ist in die standeslose Zigeunerkönigin Preziosa verliebt, ein elternloses Mädchen von 19 Jahren, der nicht nur die Zigeuner, sondern auch ganz Spanien - ob ihrer Schönheit und würdevollen Anmut - zu Füßen liegen. Da sie ihre Ziehfamilie trotz der von ihr erwiderten Liebe nicht verlassen will, schließt sich Alonzo kurzerhand der Zigeunerbande an. Als Jäger Felix ist er jedoch stets grimm und eifersüchtig und legt sich schließlich mit seinem Vetter an, den er zuvor nie getroffen hat, und wird auf der Burg seines Onkels, der im Begriff ist, sein 25. Hochzeitsjubiläum zu feiern, eingekerkert. Preziosa, ihm zu Hilfe kommend, fühlt sich an Don Fernandos (Alonzos Onkel) Hof

---

[7]Zum Stigma des Buckels: Bucklige galten im Mittelalter als schlechtes Omen, sie waren von Gott gezeichnet, unheimlich (Müller Kasper, Ulrike: Das große Handbuch des Aberglaubens, S. 108.), und mit unheilvollen Kräften ausgestattet. In moderneren Zeiten galten sie dann als Glücksbringer, was einer Korrektur der Sicht durch den Einfluss des fahrenden Volkes zuzuschreiben ist. (Gerlach, Walter: Das neue Lexikon des Aberglaubens: S. 61) Mit der Hand über den Buckel zu streichen soll Glück bringen. (Hiller, Helmut: Lexikon des Aberglaubens, S.101).

merkwürdig heimisch, bricht schließlich während ihres Auftrittes von Erinnerungen überwältigt zusammen. Es stellt sich nun heraus, dass Preciosa in Wirklichkeit die Tochter Don Fernandos und Donna Claras ist, die vor 16 Jahren im See ertrunken geglaubt war, eigentlich aber von den Zigeunern schlafend mitgenommen wurde. Aufgrund dieser freudigen Wiedervereinigung und Alonzos Zutun werden die beiden verlobt.

In Bezug auf dieses klassische Verborgene-Identitäts-Stück wird, wie bereits gesagt, auch auf Effis unklare Herkunft angespielt, denn Effi ist wie Preciosa von höherem Stand, als sie annimmt.[8] Diese Verwebung der Figuren Effis und Alonsos ist ein gutes Beispiel dafür, wie geschickt Fontane darin vorgeht, auf die Geheimnisse seines Textes an allen Stellen anzuspielen. Der Leser liest über diese dieses leichte Anspiel des Erzählers hinweg, was die Rezeption nicht unwesentlich einschränkt. Erst mit der Einsicht der Unzuverlässigkeit des Erzählers und einem weiteren hinterfragen des Erzählten, lassen sich die verkündeten Halbwahrheiten entlarven.

Außerdem wird durch die Übertragung auf und in den Intertext *Preciosa* Alonso Gieshübler auf schmeichlerische Art und dennoch sehr zutreffend charakterisiert: Der im Angesicht seines unerfüllbaren Wunsches, eine Zigeunerin zur Frau zu nehmen, grimme, ernste und doch leidenschaftliche Schwärmer[9] wird von Preciosas Ziehmutter als „ne wahre Blume / Von 'nem Mann, ein Ritterchen / wie von Wachs und Marzipan"[10] und von Preciosa selbst wie folgt charakterisiert:

Solcher Stirne reine Klarheit

Kündet Hochsinn, Stolz und Wahrheit;

Starke Brau'n bedeuten Mut,

Dunkle Augen – Liebesglut,

Und die Euren Schwärmerei!

kleiner Mund – Beredsamkeit,

Rundes Kinn – Beständigkeit;

Und dies Grübchen – Schelmerei![11]

In *Effi Briest* verkehrt sich die Situation wie bei vielen Bezügen ein wenig: Hier wird die Figur des Gieshübler als eine dem Stand sowohl Effis als auch Alonzos nicht entsprechende,

---

[8]Masanetz, Michael: Vom Leben und Sterben des Königskindes. "Effi Briest" oder der Familienroman als analytisches Drama. In: Fontane Blätter 72, 2001, S. 42 - 96.
[9]Wolff, Pius Alexander: Preciosa. Schauspiel in vier Aufzügen, Reclam 1925 (= Universal Bibliothek 130), S. 10-13. (Im Folgenden Wolff: Preciosa)
[10]Wolff: Preciosa, S.19.
[11]Wolff: Preciosa, S. 25.

darüber hinaus durch seine Facon vorzeitig gealterte und als Kandidat nicht in Frage kommende inszeniert. Und dennoch verehrt er Effi mit Preciosagleicher Liebesinbrunst.

Gieshüblers Antwort auf Effis Äußerung ist passenderweise ein „'Ja, meine gnädigste, da treffen Sie's.'" (69) Besonders schön ist hieran, dass es ein Zitat aus Preciosa ist, wo diese sagt: „Gnäd'ger Herr, ich weiß nicht immer / Was ich spreche, 's ist kein Wunder, / Schwatz ich doch den ganzen Tag / Viel, und Alles durcheinander. (Mit Bedeutung) /Manchmal treff ich es dann doch!"[12]

Und obwohl er sogar der Sohn einer andalusischen Kapitänstochter ist (69 f.), sagt er „'Ich persönlich bin mehr ins Gieshüblersche geschlagen.'" und spricht von „Apothekeradel". (70).

Zum Abgang aus dem Fontane'schen Schauspiel heißt es nun:

> Gieshübler hätte nun am liebsten gleich eine Liebeserklärung gemacht und gebeten, dass er als Cid oder irgend sonst ein Campeador für die kämpfen und sterben könne. Da dies alles aber nicht ging und sein Herz es nicht mehr aushalten konnte, so stand er auf, suchte nach seinem Hut, den er auch glücklicherweise gleich fand, und zog sich nach wiederholtem Handkuss, rasch zurück, ohne weiter ein Wort gesagt zu haben. (70 f.)

Alonso Gieshübler macht seinem romantischen Namen, wenn auch hier zunächst nur innerlich, alle Ehre.

Nach dieser ersten Begegnung entfaltet sich die heilsame Wirkung Gieshüblers auf Effi, die sich zunehmend einsamer fühlt und ein Ressentiment gegenüber den anderen Bewohnern Kessins und des Kessiner Umlands aufbaut:

> 'Ich werde mich wohl für Einsiedlertum entschließen, wenn mich die Mohrenapotheke nicht herausreißt. [...]Ich steh und falle mit Gieshübler. Es klingt etwas komisch, aber er ist wirklich der Einzige, mit dem sich ein Wort reden lässt, der einzige richtige Mensch hier.'
>
> 'Das ist er', sagte Instetten. 'Wie gut du zu wählen verstehst.'
>
> 'Hätte ich sonst d i c h?' (75)

Die Ironie dieser Szene liegt darin, dass Instetten zwar eine gute Partie ist, im Bezug auf Effis Wohlbefinden und Glück aber eine schlechte Wahl darstellt.

Die Wirkung des Apothekers erscheint zunächst durchweg positiv:

> Aller Unmut auf Effis Antlitz war sofort verschwunden; schon bloß Gieshüblers Namen zu hören, tat Effi wohl, und ihr Wohlgefühl steigerte sich, als sie jetzt den Brief musterte. Zunächst war es gar kein Brief sondern ein Billet, die Adresse 'Frau Baronin von Instetten, geb. von Briest' in wundervoller Kanzleihandschrift, und statt des Siegels ein aufgeklebtes Rundes Bildchen, eine Lyra, darin ein Stab steckte. Dieser Stab konnte aber auch ein Pfeil sein. (90)

---

[12]Wolff: Preciosa, S. 13.

Hierbei verweist die Symbolik nicht nur auf den römischen Gott Apollon, den Gott des Lichts, der Heilung, des Frühlings, der sittlichen Reinheit und Mäßigung sowie der Weissagung und der Künste, insbesondere der Musik, der Dichtkunst und des Gesangs; außerdem war er der Gott der Bogenschützen.[13] Es ist auch laut Aussage von Herr Dr. Michael Masanetzt (Universität Leipzig) das Siegel, welches Thomas Mann führte.

Diese im Billet enthaltene Einladung zum Abend mit der Sängerin Marietta Trippelli ist unterzeichnet mit: „'In vorzüglicher Ergebenheit A. Gieshübler'" (90) An dieser Stelle sei noch einmal auf das „mehr ins Gieshüblersche geschlagen" verwiesen.

Effi, die gerade eine Diskussion mit Instetten über den Spuk im Haus hatte, entgegnet auf dessen Frage, ob sie gehen wolle: „'Natürlich ja. Das wird mich herausreißen.'"(90) Und weiter heißt es: „es war ganz ersichtlich, dass der kleine Zwischenfall auf Effi günstig eingewirkt und ihr ein gut Teil ihrer Leichtlebigkeit zurückgegeben hatte[…]" (90)

Vor dem Abend selbst ergreift Effi ein schlimmes Heimweh. (98) Als sie dann aber „in den Gieshüblerschen Flur eintrat, war ihr nicht bloß behaglich, sondern beinah übermutig zu Sinn, wozu die das Haus durchziehende Baldrian- und Veilchenwurzel-Luft das Ihrige beitragen mochte." (99)

Marietta Trippelli, eine „vieljährig liebe Freundin" (89) Gieshüblers, der seine Künstlerfreundin enthusiastisch liebt und hoch von ihren Talenten denkt (100), ist eine Art Vorgängerin Effis. Gieshübler finanziert sie und hat sie in Paris mit dem Fürsten Kotschukoff zusammengebracht, wofür er sich selbst lobt, während Marietta von dem Fürsten nur halb so begeistert ist wie Gieshübler. Dieser scheint in die Trippelli ebenso verliebt wie in Effi, doch ist auch sie für ihn unerreichbar, da er ihr eher ein Onkel ist.

Gieshüblers Weihnachtsgeschenk an Effi ist ein Julklapp[14], ein traditionelles Geschenk mit einer Kleinigkeit, hier Morsellen (Süßigkeit) und einem Vers an den/die Beschenkte/n. hier bedient sich Fontane einer Referenz auf die Bibel, wie sie häufiger vorkommen. Gieshübler spielt indirekt auf Effis Schwangerschaft an, in dem er sie als Maria einsetzt (ein Motiv, dass sich durch den ganzen Roman zieht) und sich selbst als Mohrenkönig, Mohrenapothekerlein und damit Schenkenden inszeniert:

Drei Könige kamen zum Heiligenchrist,

Mohrenkönig einer gewesen ist; –

Ein Mohrenapothekerlein

Erscheint heute mit Spezerein,

[13]Wikipedia, Apollon, http://de.wikipedia.org/wiki/Apollon, Zugriff am 20.06.2014.
[14]Wikipedia, Julfest, http://de.wikipedia.org/wiki/Julfest#Das_Julfest_in_der_Neuzeit, Zugriff am 29.06.2014.

doch statt Weihrauch und Myrrhen, die nicht zur Stelle,

Bringt er Pistazien- und Mandel-Morselle. (108)

Zum silvesterlichen Ressourcebball schickt „Gieshübler, der, wie alles, so auch ein Treibhaus hatte, […] Kamelien." (108) Kamelien sind eine zwiespältige Blume. Sie steht für Freundschaft, Eleganz und Harmonie, jedoch verliert sie im Winter ihre roten Blütenblätter einzeln, was an Blutstropfen im Schnee erinnert. Daher wird die Blüte in Japan auch als Symbol von Tod und Vergänglichkeit gesehen.[15]

Eine weitere Zweideutigkeit ergibt sich in der Referenz auf Alexandre Dumas d. J. Roman *Die Kameliendame*, (*La dame aux camélias*, Paris 1848), in dem die Kurtisane Marguerite Gautier keine anderen Geschenke annimmt als Kamelien. Hierbei handelt es sich um eine tragische Geschichte von unstandesgemäßer Liebe und Entsagung.[16] Zwar Entsagt in *die Kameliendame* Marguerite ihrem hochwohlgeborenen Geliebten Armand Duval auf Geheiß von dessen Vater, und überspitzt ausgedrückt Gieshübler der Baronin von Instetten. So bleiben beide literarischen Figuren, Duval und Gieshübler, mit unerfüllbaren Wünschen zurück.

Effis Zuneigung zu Gieshübler schlägt nun nach und nach in eine Abhängigkeit um, ihrer Mutter schreibt sie: „'Instetten und mein guter Freund Gieshübler, hatten alles aufgeboten, mir den Heiligen Abend so angenehm wie möglich zu machen, aber ich fühlte mich doch ein wenig einsam und bangte mich nach euch.'" (109) Und sie bezeichnet Gieshübler als den einzig netten Menschen in Kessin (112). Was zuvor mehr dahin gesagt war, klingt hier schon ernster, denn inzwischen hat Effi wirklich alle Bekanntschaften gemacht, die es zu machen gibt.

Weiter heißt es „es hätte mit Freude, Zerstreuung und auch nur leidlichem Sich-behaglich-Fühlen manchmal recht schlimm gestanden, wenn Gieshübler nicht gewesen wäre. Der sorgte für Effi, wie eine kleine Vorsehung, und sie wusste es ihm auch Dank." (113) Diese kleine Vorsehung spielt auf die von Gieshübler selbst nicht intendierte Verstrickung in Effis Schicksal an. Es schwingt auch mit, was sich in der nächsten Textstelle offenbart:

Gieshübler schickt Effi nicht nur Zeitungen, Geschenken und Süßigkeiten, sondern hält auch hin und wieder „eine glückliche Plauderstunde mit der ihm so sympathischen jungen Frau", abgehalten „für die er alle schönen Liebesgefühle durch- und nebeneinander hatte, die des Vaters und Onkels, des Lehrers und Verehrers." (114)

---

[15]Wikipedia, Kamelie, http://de.wikipedia.org/wiki/Kamelie#Kulturgeschichte, Zugriff am 20.06.2014.
[16]Wikipedia, Die Kameliendame, http://de.wikipedia.org/wiki/Die_Kameliendame, Zugriff am 27.06.2014.

Ihre Mutter neckt sie mit ihrer „Liebe zum Alchemisten", was Effi jedoch nicht aufheitert, sondern betrübt. Die Neckereien „verfehlten ihren Zweck, ja berührten sie beinahe schmerzlich, weil ihr, wenn auch unklar, dabei zu Bewusstsein kam, was ihr in ihrer Ehe eigentlich fehlte: Huldigungen, Anregungen, kleine Aufmerksamkeiten. Instetten war lieb und gut, aber ein Liebhaber war er nicht." (114)

Die Gesellschaft Gieshüblers zeigt Effi also die eklatanten Defizite in ihrem immer trister werdenden Leben auf.

Als Crampas in Kessin auftaucht, ist es immer wieder Gieshübler, der Effi und Crampas zusammenbringt. So erwähnt er die Ressourcenpläne, in denen Crampas eine entscheidende Rolle spielt, in einem Brief, was Effi vor Crampas zur Koketterie bringt: „'Gieshübler hat mir darüber geschrieben, und wenn es nicht indiskret und eitel wäre, denn es steht noch allerlei nebenher darin.'" (140)

Als Instetten, Crampas und Effi zusammen ausreiten, fällt das Gespräch auf Gieshübler:

„'Da lob ich mit Gieshübler', sagte er [Instetten] einlenkend, 'immer Kavalier und dabei doch Grundsätze." Worauf Crampas entgegnet:

'Ja Gieshübler; der beste Kerl von der Welt und, wenn möglich, noch bessere Grundsätze. Aber am Ende woher? warum? Weil er einen 'Verdruss' hat. Wer gerade gewachsen ist, ist für Leichtsinn. Überhaupt ohne Leichtsinn ist das ganze Leben keinen Schuss Pulver wert.' (144)

So führt Crampas Gieshüblers Grundsätze auf dessen Verdruss und damit auf seinen Buckel zurück.

Als Gieshübler in der Weihnachtszeit zu den italienischen Abenden geladen ist, begeht er sie gerne, findet aber am von Crampas regierten Theaterstück mehr Interesse und lenkt auch hier Effi ungewollt in Richtung Crampas': „[...] wenn nicht der unschuldige harmlose Gieshübler, trotz größter Abgeneigtheit gegen zweideutiges Handeln, dennoch im Dienste zweier Herren gestanden hätte." (160) Das Stück, das nach Crampas'schen Plan aufgeführt werden soll, trägt den vielsagenden Namen *Ein Schritt vom Wege* (161) – hat aber mit Ehebruch an sich überhaupt nichts zu tun. Hier findet sich also wieder ein sehr geschickt eingestreuter intertextueller Bezug, der auf den ersten Blick sehr offensichtlich scheint, hinter dem sich aber mehr verbirgt, wie man es bei Fontane des Öfteren findet.

Bei der Rückreise von der Weihnachtsgesellschaft beim Oberförster Ring ergibt sich schließlich das Problem, dass Gieshüblers Kutscher vom Pferd getreten wurde und den Schlitten nicht lenken kann. Da sonst niemand fähig ist, gibt Instetten den Kutscher des Gieshübler'schen Schlittens, was ihn von Effi trennt, die nun mit Sidonie, welche sich selbst in Instettens Schlitten einlädt, fährt. Am Strand geraten die Schlitten beinahe in den Schloon, so dass Crampas bei Effi einsteigen muss, als der Versuch der Überquerung gewagt werden soll, um im Zweifelsfall, den Schlitten zu befreien. Nach gescheitertem Versuch, steigt Sidonie in die Kutsche ihrer Eltern um, doch Crampas bleibt bei Effi, die er nicht allein fahren lassen könne. Auf der sich anschließenden Fahrt durch den dunklen Wald, den ironischerweise Instetten selbst wählt, überdeckt Crampas Effis Hand mit heißen Küssen. (177-181) Für die Affäre fungiert Gieshübler also gewissermaßen als Auslöser. Hier wird er zum Unglücksboten und zur Schicksalsfigur.

Instetten wird eifersüchtig auf Crampas, worauf Effi ihn aufzieht:

> „'Eine Geheimkorrespondenz mit Gieshübler', sagte sie. 'Stoff zu neuer Eifersucht für meinen gestrengen Herrn. Oder nicht?'
>
> 'Nein, nicht ganz, meine liebe Effi. Ich begehe die Torheit, zwischen Crampas und Gieshübler einen Unterschied zu machen.'" (183)

Dieses Billet, in dem er sich nach Effis Ergehen in der letzten Nacht erkundigt, also der Schlittennacht, ist diesmal unterschrieben mit „Alonzo G.". Zu dem Zeitpunkt also, als Effi die Affäre beginnt, verlagert sich auch Gieshübler auf seine romantische Seite. Auf die Frage, was Instetten nun zu dem Brief zu sagen habe, erwidert er: „'Nach wie vor nur das eine, dass ich dich lieber mit Gieshübler als mit Crampas sehe.'" (184)

Effis Antwort ist wegweisend und in Anbetracht des Wirkungswerdegangs durchaus nicht zu unterschätzen: „'Weil du den Crampas zu schwer und den Gieshübler zu leicht nimmst.'" (184)

Schließlich kommt auch die Nachricht über das Husarenregiment von Gieshübler, der neben allen anderen Beschäftigungen auch im Stadtrat sitzt. Diese macht Effi zunächst glücklich, weil sie damit „das *un*schuldige Glück der Kindheitsjahre" verbindet, stürzt sie dann aber in einen Abgrund, da sie in ihrer Affäre alle Unschuld der früheren Tage eingebüßt hat (188 f.). „Es brach wieder über sie herein, und sie fühlte, dass sie wie eine Gefangene sei und nicht mehr heraus könne.

Sie litt schwer darunter und wollte sich befreien […]" (189) Doch sie scheitert.

Während Instetten in Berlin ist, streut Gieshübler Gerüchte oder verbreitet sie zumindest mit einer so einleuchtenden Logik, dass sie ihm geglaubt werden. Damit wird nicht nur Instetten als frostig charakterisiert, soll er doch als Gastgeschenk nach Afrika eine Eismaschine mitbringen, sondern auch Gieshübler zum Teil der Gerüchtemaschinerie des Werkes. (194)

Zudem vertreibt er wieder Effis Unruhe am Tag von Instetten Rückkehr. (200)

Und Schließlich bewahrheitet sich Gieshübler auch auf andere Weise als Vorsehung, wenn Effi sagt: „'Um Gottes Willen, Geert, sie haben dich doch nicht zu Minister gemacht? Gieshübler sagte so was.'" (203)

Der Abschied Effis von Gieshübler nimmt diesen sichtlich mit, bekommt er doch kaum ein Wort heraus und weiß am Ende vor lauter Benommenheit nichts weiter zu sagen.

'Und ich will Ihnen danken lieber Gieshübler. Denn Sie waren das Beste hier; natürlich, weil sie der Beste waren. Und wenn ich hundert Jahre alt würde, so werde ich Sie nicht vergessen. Ich habe mich hier mitunter einsam gefühlt, und mitunter war mir so schwer ums Herz, schwerer als Sie wissen können; ich habe es nicht immer richtig eingerichtet; aber wenn ich Sie gesehen habe, vom ersten Tage an, dann habe ich mich immer wohler gefühlt, und auch besser. [...] Und dafür wollte ich Ihnen danken.' (211 f.)

Danach wird er zur Erinnerung: Gieshübler kommt nicht, um Instetten vor dem Duell mit Crampas zu begrüßen (269), wohl aber trauert er um Crampas.

Wüllersdorf schreibt an Instetten:

'Eine Welt von Dingen erlebt; Schmerzliches, Rührendes, Gieshübler an der Spitze. Der liebenswürdigste Pucklige, den ich je gesehen. Von Ihnen sprach er nicht allzu viel, aber die Frau, die Frau! Er konnte sich nicht beruhigen, und zuletzt brach der kleine Mann in Tränen aus. Was alles vorkommt. Es wäre zu wünschen, dass es mehr Gieshübler gäbe.' (275)

Die Abschließenden Worte bleiben Briest vorbehalten: „'Dieser Alonzo, dieser Preciosa–Spanier, der einen Mirambo beherbergte und eine Trippelli großzieht, – ja, das muss ein Genie sein, das lass ich mir nicht ausreden.!'" (313)

Zum Abschluss bleibt nun, ein Blick auf den Nachnahmen Alonsos zu werfen, um der Spur des tragischen Charakters, der Effi sukzessive ins Unglück leitet, bis zum Ende zu folgen.

Es wurde des Öfteren ein Kontrast zwischen Vor- und Nachnamen der Figur erkannt, jedoch sind sowohl Alonso als eigentlich gescheiterter Preciosa-Spanier, als auch Gieshübler in sich schon kontrastiv paradox und sprechen für die Funktion der Figur des Apothekers, dessen 'Medizin' nicht ohne Nebenwirkung genießbar ist.

So verweist Hiller im Fontane Gesamtausgaben Kommentar auf 1. Die Beziehung zu Benedix „Aschenbrödel", das auch eine Rolle in *Effi Briest* spielt, wo Gieshübel der Mädchenname der Pensionsvorsteherin ist.[17] Allerdings hier eine gemeine Person, also ein Kontrast zu Effis Gieshübler.

---

[17]Fontane, Theodor: Effi Briest, in: Große Brandenburger Ausgabe hrsg. von Christine Hehle. Das erzählerische Werk; 15 , Berlin 1998, S. 429.

Weiter fand Hiller heraus, dass die Stadt Berg-Gießhübel im Elbsandsteingebirge und der Kurort Gießhübl-Puchstein für ihr Mineralwasser (Sauerbrunn) bekannt waren. [18] Da seinerzeit Apotheker auch für den Verkauf von Heil-, also Mineralwässerchen zuständig waren, werden Fontanes damalige Leser Gieshübler wohl als sprechenden Namen für einen Apotheker gesehen haben.

Bei einem Blick in Grimms Wörterbuch der Deutschen Sprache finden wir unter den Komponenten des Nachnamens „gieszen" und „hübel" Ergebnisse, deren Bedeutung durch das Kompositum „Gieszhübel" jedoch beinahe in den Hintergrund gedrängt werden..

Unter gieszen findet man „ *eine mit der handlung verbundene intensität,* " und im näheren Umfeld „*mhd.* güsse '*reiszender flusz, überschwemmung*', *neuengl.* gush '*hervorströmen*', *aisl.* giósa '*hervorbrechen*', geysa '*in heftige bewegung bringen.*'" Intensität und hervorbrechende Neigungen sind durchaus Aspekte, die Gieshübler beschreiben können. Des Weiteren bestehen die „*uneigentliche und übertragene verwendungen, in denen stimmungen, gefühle, zustände u. ä. als objekte erscheinen und das vb. meistens die verschwommene, unscharfe bedeutung 'strömend sich verbreiten' erhält*"[19], was an den Baldrianduft in Gieshüblers Haus erinnert und seine subtilere Art umschreibt, Leute um ihn herum positiv in ihrer Stimmung zu beeinflussen.

Hübel hingegen ist „*die alte und jetzt noch ober- und theils mitteldeutsche form für hügel*"[20] und kann als Verweis auf seinen Buckel gesehen werden.

Für Gieshübel findet man im Grimmschen Wörterbuch unter „4) übel *und* gieszen: gieszübel *ist in älterer zeit ein unten mit einer falltür versehener kasten oder korb, in dem verbrecher, bes. felddiebe und liederliche frauenspersonen, zur strafe ins wasser geschnellt wurden.* "[21]

Ob Fontane sich dieser Bedeutung bewusst war, ist nicht klar, jedoch wird unter diesem Gesichtspunkt deutlich, dass nicht nur der Taufname, wie Niemeyer sagte, etwas Bestimmendes hat, sondern in diesem Fall auch der Nachname zur „kleinen Vorsehung" wird. Diese Namensbedeutung korrespondiert auch mit der Schlusenversenkung im Teich im ersten Kapitel und mit Effis Bemerkung, dass in Konstantinopel „arme unglückliche Frauen versenkt worden sein, natürlich wegen Untreue" (13).

---

[18] ebd.

[19] Grimm, Jakob und Wilhelm: Deutsches Wörterbuch: gieszen *bis* gieszkorb (Bd. 7, Sp. 7394 *bis* 7411)

[20] Grimm, Jakob und Wilhelm: Deutsches Wörterbuch: hübel *bis* huberde (Bd. 10, Sp. 1849 *bis* 1851)

[21] Grimm, Jakob und Wilhelm: Deutsches Wörterbuch: gieszhübel *bis* gieszkannenmuschel (Bd. 7, Sp. 7417 *bis* 7419)

Es stellt sich also heraus, dass Alonzo Gieshübler als Agent des Schicksals, wenn auch ungewollt, fungiert und damit seine Funktion weit über die des fürsorglichen Freundes hinausgeht.

Literaturverzeichnis

Bächtold-Stäubli, Hanns (Hg.): Handwörterbuch des deutschen Aberglauben in 10 Bänden, Band 6, Berlin 1987.

Berndt, Frauke: Intertextualität. Eine Einführung, Berlin 2013.

Fontane, Theodor: Effi Briest, Stuttgart 1994.

Fontane, Theodor: Effi Briest, in: Große Brandenburger Ausgabe hrsg. von Christine Hehle. Das erzählerische Werk; 15 , Berlin 1998, S. 429.

FU Berlin: Literaturtheorien im Netz, Begriff: Intertextualität, Zugriff 05.07.2014 http://www.geisteswissenschaften.fu-berlin.de/v/littheo/glossar/intertextualitaet.html.

Gerlach, Walter: Das neue Lexikon des Aberglaubens, München 2000.

Grimm, Jakob und Wilhelm: Deutsches Wörterbuch in 33 Bänden, Gütersloh 1991

Hiller, Helmut: Lexikon des Aberglaubens, München 1986.

Masanetz, Michael: Vom Leben und Sterben des Königskindes. "Effi Briest" oder der Familienroman als analytisches Drama. In: Fontane Blätter 72, 2001, S. 42 – 96.

Müller Kasper, Ulrike: Das große Handbuch des Aberglaubens, Wien 2007.

Wikipedia, Apollon, http://de.wikipedia.org/wiki/Apollon, Zugriff am 20.06.2014.

Wikipedia, Julfest, http://de.wikipedia.org/wiki/Julfest#Das_Julfest_in_der_Neuzeit, Zugriff am 29.06.2014.

Wikipedia, Kamelie, http://de.wikipedia.org/wiki/Kamelie#Kulturgeschichte,

Zugriff am 20.06.2014.

Wikipedia, Die Kameliendame, http://de.wikipedia.org/wiki/Die_Kameliendame, Zugriff am 27.06.2014.

Wolff, Pius Alexander: Preciosa. Schauspiel in vier Aufzügen, Reclam 1925 (= Universal Bibliothek 130).

BEI GRIN MACHT SICH IHR WISSEN BEZAHLT

- Wir veröffentlichen Ihre Hausarbeit,
  Bachelor- und Masterarbeit

- Ihr eigenes eBook und Buch -
  weltweit in allen wichtigen Shops

- Verdienen Sie an jedem Verkauf

Jetzt bei www.GRIN.com hochladen und kostenlos publizieren